EL SUELO Y EL CLIMA

THERESE M. SHEA

Britannica®
Educational Publishing

IN ASSOCIATION WITH

ROSEN
EDUCATIONAL SERVICES

Published in 2018 by Britannica Educational Publishing (a trademark of Encyclopædia Britannica, Inc.) in association with The Rosen Publishing Group, Inc.
29 East 21st Street, New York, NY 10010

Distributed exclusively by Rosen Publishing.
To see additional Britannica Educational Publishing titles, go to rosenpublishing.com.

First Edition

Britannica Educational Publishing
J.E. Luebering: Executive Director, Core Editorial
Andrea R. Field: Managing Editor, Compton's by Britannica

Rosen Publishing
Nathalie Beullens-Maoui, Editorial Director, Spanish
Esther Sarfatti, Translator
Carolyn DeCarlo: Editor
Nelson Sá: Art Director
Michael Moy: Series Designer
Raúl Rodriguez: Book Layout
Cindy Reiman: Photography Manager
Nicole Baker: Photo Researcher

Library of Congress Cataloging-in-Publication Data

Names: Shea, Therese.
Title: El suelo y el clima / Therese M. Shea, translated by Esther Sarfatti.
Description: New York : Britannica Educational Publishing, in Association with Rosen Educational Services, 2018. | Series: Explora América Latina | Audience: Grades 5-8. | Includes bibliographical references and index.
Identifiers: ISBN 9781538301173 (library bound : alkaline paper) | ISBN 9781538301197 (paperback : alkaline paper) | ISBN 9781538301203 (6 pack : alkaline paper)
Subjects: LCSH: Latin America--Juvenile literature.
Classification: LCC F1408.2 S52 2018 | DDC 972.8--dc23

Manufactured in the United States of America

CONTENIDO

INTRODUCCIÓN

América Latina es una región formada por México, América Central y América del Sur —todo el territorio continental que está al sur de la frontera de Estados Unidos—, así como las Antillas, o las islas del mar Caribe. Esta zona se llama América Latina porque la mayoría de sus habitantes hablan idiomas que vienen del latín, como el español, el portugués y el francés. Aunque parezca sencillo agrupar así a toda América Latina bajo una sola característica, en realidad es una región bastante compleja en cuanto a paisaje, clima e historia geológica.

Toda América Latina se sitúa sobre unas gigantescas formaciones rocosas llamadas placas tectónicas, cuyas fricciones y colisiones son capaces de formar montañas. De hecho, la parte occidental de América Latina está dentro del Cinturón de Fuego, una zona del océano Pacífico donde ocurren numerosos terremotos y erupciones volcánicas. Estas circunstancias han influido mucho en la formación física de América Latina y también en la forma en que la gente utiliza la tierra. Por ejemplo, la ceniza volcánica que abunda en las Antillas y América Central, tan rica en nutrientes, hace que la tierra sea fértil para la agricultura. Por otro lado, la actividad volcánica también ha causado la destrucción de hábitats humanos en estas tierras.

América Latina es una zona de inmensas proporciones que se extiende a lo largo de unas 6,000 millas (9,700 km), desde el río Bravo del Norte hasta el archipiélago de Tierra del Fuego al sur. Sus accidentes geográficos también son enormes. La cordillera de los Andes mide 5,500 millas

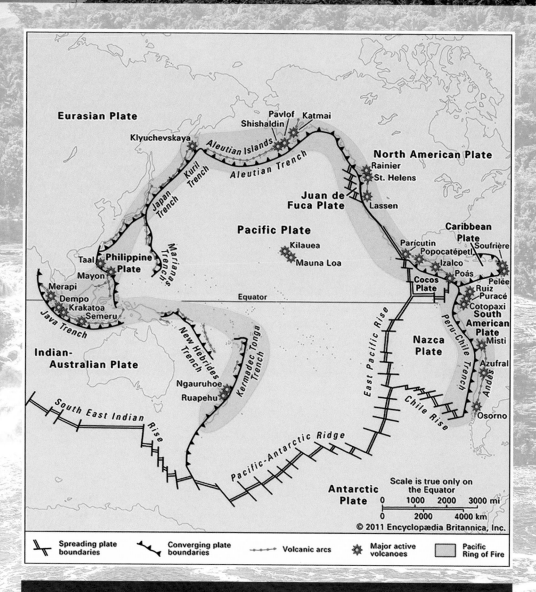

El Cinturón de Fuego se sitúa en los bordes de la placa del Pacífico. Cuando esta placa choca contra otras placas tectónicas, es más probable que ocurran terremotos y erupciones volcánicas a su alrededor.

El monte Aconcagua se eleva sobre un valle andino. Esta impresionante cumbre se encuentra en la frontera entre Argentina y Chile.

(8,900 km) de largo. Su cumbre más alta (y la más alta de las Américas) es el Aconcagua, con 22,831 pies (6,959 m) de altura. Alimentados por los arroyos de los Andes, el río Amazonas y sus afluentes se extienden por el norte de Brasil y partes de Venezuela, Colombia, Ecuador, Perú, Bolivia y Paraguay. Ningún río tiene un caudal comparable al del Amazonas, el cual lleva diez veces más agua que el Misisipi.

Debido a diferencias de latitud, elevación y factores marítimos, América Latina también tiene una gran variedad de climas. Las estaciones secas y lluviosas varían al norte y al sur del ecuador. La mayoría de lugares recibe una cantidad de lluvia anual promedio de entre 40 y 70 pulgadas (101.6 y 177.8 cms), aunque en las selvas tropicales llueve más. Las tierras bajas y los desiertos tienden a ser calurosos e inhóspitos, pero otras zonas tienen promedios de temperatura más suaves. En los lugares más elevados, el clima es más fresco, con noches frías y días luminosos y soleados.

Los climas tropicales están presentes en grandes extensiones de América del Sur, dando lugar a selvas tropicales

Los capibaras son los roedores más grandes del mundo. Un capibara puede llegar a pesar más de 100 libras (45 kg).

y a llamativos animales y plantas típicos de ese clima. La selva tropical más grande del mundo se encuentra en la cuenca del Amazonas. Allí viven lagartos, hormigas, tapires, anacondas gigantes, boas, caimanes, osos hormigueros, jaguares y capibaras.

Ya que América Latina es una extensión de tierra tan enorme (ocupa el 15% de nuestro planeta), es recomendable examinar sus regiones y territorios de forma individual en lugar de generalizar. Algunos lugares de interés, entre ellos la selva tropical amazónica, están disminuyendo rápidamente debido a que la población de América Latina exige cada vez más de la tierra y sus recursos. No obstante, aún quedan muchos lugares únicos y fascinantes que pueden explorar aquellos que sientan curiosidad acerca de las maravillas naturales de América Latina.

CAPÍTULO UNO

MARAVILLOSO MÉXICO

El país de México, o los Estados Unidos Mexicanos, ocupa el extremo sur de América del Norte, pero se encuentra en el extremo norte de América Latina. Al norte, México comparte una frontera de 1,900 millas (3,100 km) de largo con Estados Unidos. Al sudeste están los países centroamericanos de Guatemala y Belice. El océano Pacífico se encuentra al oeste y el golfo de México y el mar Caribe están al este.

UN VIAJE POR MÉXICO

México se puede dividir en varias regiones principales. La más grande es la altiplanicie mexicana, que se inclina ligeramente elevándose en dirección sur. Se extiende desde la frontera con Estados Unidos hasta el istmo de Tehuantepec. El istmo es una estrecha franja de tierra baja de unas 125 millas (200 km) que va desde el golfo de México hasta el océano Pacífico. La altiplanicie cubre gran parte de México central, pero está dividida en dos secciones. La meseta del norte comienza cerca de la frontera con Estados Unidos y termina cerca de la ciudad de San Luis Potosí. La meseta del centro se extiende desde San Luis Potosí hasta el sur de la ciudad de México. Formada en gran parte por actividad volcánica, la superficie de la meseta del centro es más alta y más plana que la de la meseta del norte. La cuenca de Guanajuato, donde se encuentra la región productora de cereales del país, está al norte de la meseta del centro.

¿Y QUÉ PASA CON EL AGUA?

México tiene pocos ríos grandes y lagos naturales. El mayor río del norte de México es el río Bravo del Norte (llamado río Grande en Estados Unidos), que forma la frontera internacional. El río Lerma tiene su cabecera en la cuenca de Toluca, al oeste de la Ciudad de México, y fluye hacia el oeste para formar el lago de Chapala, el lago natural más grande del país. El agua del Lerma se transporta hacia el este para ayudar a satisfacer las necesidades de Ciudad de México. El río Grande de Santiago sale del lago de Chapala y fluye hacia el noroeste, atravesando la meseta del centro para llegar al Pacífico. El sistema fluvial Moctezuma-Pánuco, que fluye hacia el este, drena gran parte de la meseta del centro oriental. Estos ríos han creado barrancas en el sistema montañoso de la Sierra Madre Oriental para llegar hasta el golfo de México. Los lagos de Pátzcuaro y de Cuitzeo, al oeste de la Ciudad de México, son de los pocos que aún quedan en la meseta del centro.

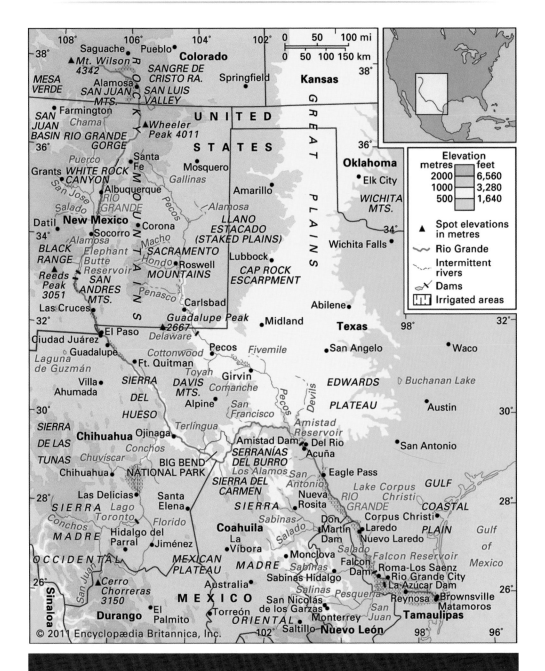

En México, el río Grande se llama río Bravo del Norte. Este río nace como un arroyo en las Montañas Rocosas de Colorado.

Las Barrancas del Cobre tienen una profundidad de 4,600 pies (1,400 m). Hay quienes opinan que son más espectaculares que el Gran Cañón de Estados Unidos.

La altiplanicie mexicana está rodeada de montañas. La Sierra Madre Oriental, una cordillera formada por esquisto y piedra caliza, está en la parte oriental de la altiplanicie. Algunas cumbres se elevan por encima de los 13,000 pies (4,000 m). La Sierra Madre Occidental, de origen volcánico en su mayor parte, forma la frontera occidental de la altiplanicie. Los arroyos que atraviesan esta cordillera han ido creando una serie de barrancas profundas. Las más espectaculares son las Barrancas del Cobre.

La Cordillera Neovolcánica une la Sierra Madre Occidental con la Sierra Madre Oriental al sur de la altiplanicie mexicana. En esta cordillera se pueden ver espectaculares cumbres nevadas. Justo al sur de la Cordillera Neovolcánica está la depresión del Balsas, cuyo nombre proviene del principal río que drena la región: el río Balsas.

Al este y al oeste de las montañas se encuentran tierras bajas costeras. La llanura costera del golfo se extiende unas 900 millas (1,450 km) por el golfo de México desde la frontera con Texas hasta la península de Yucatán. Con sus zonas pantanosas, la parte triangular al norte tiene una extensión de más de 100 millas (160 km) cerca de la frontera, aunque se estrecha hacia el sur.

La llanura costera del Pacífico comienza en el valle de Mexicali al norte y acaba cerca de Tepic, a casi 900 millas (1,450 km) de distancia. Limitadas al oeste por la Sierra Madre Occidental, estas tierras tienen terrazas costeras, mesetas y pequeñas cuencas entremezcladas con deltas de ríos y franjas costeras. Aunque el inmenso desierto de Sonora domina el norte, algunas de estas tierras bajas también son cultivables.

Al oeste de la llanura costera del Pacífico, al otro lado del golfo de California, está la península de Baja Cali-

(Continúa en la página 15)

RECURSOS LIMITADOS

El río Colorado, una fuente esencial de agua dulce tanto para Estados Unidos como para México, atraviesa el desierto de Sonora. Sin embargo, esta vía fluvial, cuyas aguas fluyen desde las Montañas Rocosas en Estados Unidos hasta el golfo de California, llega a México prácticamente seca. Debido al aumento de la población en el sudoeste de Estados Unidos y México, los habitantes de muchas ciudades y pueblos dependen de las aguas del río Colorado.

El 80% de este recurso se dedica a la agricultura. Tanta demanda y un suministro limitado han resultado en mucha polémica, sobre todo si tenemos en cuenta que el cambio climático amenaza con reducir el caudal del río aún más.

La presa Hoover se extiende sobre el río Colorado entre Arizona y Nevada, donde se utiliza para energía e irrigación. En parte, es responsable del bajo flujo del río Colorado al llegar a México.

fornia. Esta franja de tierra estrecha en la costa noroeste tiene una extensión de casi 800 millas (1,300 km). El núcleo central consiste en las cumbres de las sierras de San Pedro Mártir y de Juárez.

Las tierra altas del sur consisten en una serie de cordilleras y altiplanicies. Al oeste, la Sierra Madre del Sur se extiende desde la ciudad de Puerto Vallarta hasta el golfo de Tehuantepec. Estas montañas crean una costa escarpada, parte de la cual se conoce como la "riviera mexicana", un popular destino turístico. Al noreste está la meseta del sur, con numerosas montañas erosionadas por el agua y valles aislados.

Los altos de Chiapas (también conocidos como la Sierra Madre de Chiapas), en el sureste de México, son una extensión de las cordilleras de América Central. Dentro de esta región, la sierra de Soconusco, que es más baja, se sitúa en la costa del Pacífico. Al noroeste, y en

El puerto de Acapulco es una zona turística popular en el estado de Guerrero, al sudoeste de México.

15

línea paralela a la costa, está el valle del río Grijalva. Un conjunto de montañas se sitúa entre este valle y la llanura de Tabasco, una extensión sureste de la llanura costera del golfo.

La península de Yucatán está al noroeste de la llanura de Tabasco y se extiende hacia el norte, dividiendo el golfo de México y el mar Caribe. Su terreno, de piedra caliza y lleno de cavidades, llamadas cenotes, es desigual pero de baja altitud. Las islas de Cozumel y Mujeres se encuentran frente a la punta norte de la península, así como un cráter creado por el impacto de un asteroide o cometa, el cual se cree que mató a los dinosaurios hace 66 millones de años.

LOS CLIMAS DE MÉXICO

Más de la mitad de México se encuentra al sur del trópico de Cáncer. Dentro del trópico, las temperaturas fluctúan muy poco de una estación a otra; a menudo la fluctuación es menor de 10 °F (5 °C) entre los meses más calurosos y los más fríos. En estas zonas, el invierno es la estación más lluviosa.

Al norte del trópico, el rango de temperaturas es mayor, sobre todo en el norte y centro de México. Las temperaturas más altas del país, que sobrepasan los 110 °F (43 °C), ocurren en Baja California central y en los desiertos de Sonora y Chihuahua en julio y agosto. Fuera de las zonas montañosas, las temperaturas generalmente no caen por debajo de los 32 °F (0 °C).

La elevación es un factor climático importante en México. Desde el nivel del mar hasta justo por encima de los 3,000 pies (900 m) está la tierra caliente, donde las tem-

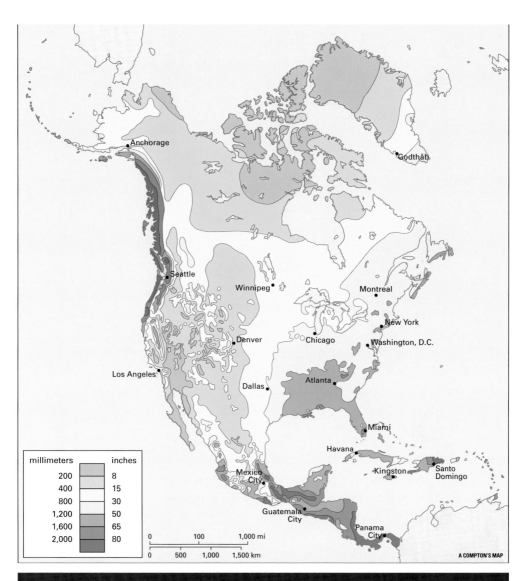

millimeters	inches
200	8
400	15
800	30
1,200	50
1,600	65
2,000	80

A COMPTON'S MAP

Este mapa de América del Norte muestra la variación en precipitación anual en todo México. El sur de México recibe la mayor cantidad de lluvia.

peraturas son altas. La ciudad de Acapulco, por ejemplo, tiene un promedio de temperatura diaria de unos 80 °F (27 °C). La tierra templada se extiende desde los 3,000 pies (900 m) hasta los 6,000 pies (1,800 m) aproximadamente. Con una elevación de 4,500 pies (1,400 m), en la ciudad de Xalapa el promedio de temperatura está en 64 °F (18 °C). La tierra fría está situada entre los 6,000 y los 11,000 pies (1,800 y 3,350 m), aproximadamente. En Pachuca, que está justo por debajo de los 8,000 pies (2,400 m), el promedio de temperatura es 58 °F (14 °C). Más arriba de la tierra fría están los páramos y la tierra helada, que se encuentran más o menos a los 13,000 pies (4,000 m), en México central.

En la mayor parte de México no llueve lo suficiente, al menos durante parte del año. Con la excepción de la Sierra Madre Occidental, la Sierra Madre Oriental y la llanura costera del golfo, todo México al norte del trópico recibe generalmente menos de 20 pulgadas (50 cm) de lluvia al año. Gran parte de México central y del sur recibe menos de 40 pulgadas (102 cm) de lluvia al año.

Solo la llanura costera del golfo y las montañas adyacentes, los altos de Chiapas y la parte sur de la península de Yucatán reciben lluvia abundante durante todo el año. En combinación con las altas temperaturas, esto crea un clima de selva tropical.

CAPÍTULO DOS

ASOMBROSA AMÉRICA CENTRAL

América Central es la estrecha franja de tierra que une América del Norte con América del Sur. Culturalmente, forma parte de América Latina. Se extiende a lo largo de unas 1,200 millas (1,900 km) hacia el sudeste, desde México hasta América del Sur. Larga y fina, América Central cubre una superficie de unas 202,000 millas cuadradas (523,000 km^2). Esta región tiene el océano Pacífico al oeste y el mar Caribe al este. En la mitad norte, que tiene una anchura de hasta 125 millas (200 km), se encuentran los países de Belice, Guatemala, El Salvador, Honduras y Nicaragua. Costa Rica y Panamá ocupan la mitad sur, que es más estrecha, con una anchura de menos de 30 millas (50 km) en cierto punto. En Panamá está el famoso canal de Panamá, una vía de navegación artificial creada para unir los océanos Atlántico y Pacífico.

INVESTIGANDO EL ISTMO

Debajo de la superficie de América Central y de los fondos de sus océanos colindantes, se encuentran las fronteras de

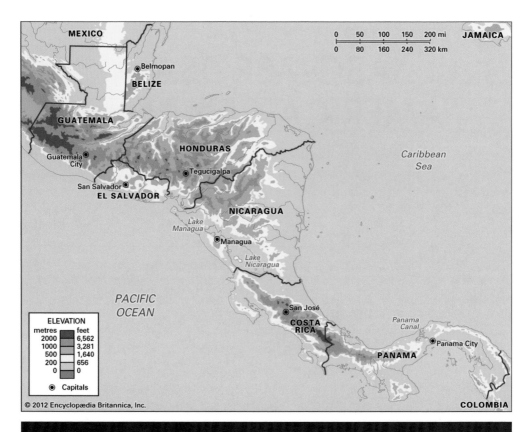

Este mapa topográfico de América Central muestra las elevaciones del terreno en colores que van desde el verde (más baja) al marrón (más alta).

cuatro placas tectónicas inmensas: las placas de Cocos, la norteamericana, la de Nazca y la del Caribe. Estas placas han ido chocando entre sí lentamente durante millones de años, empujando la corteza terrestre hacia arriba para formar las montañas y colinas de América Central. Esta actividad geológica tan dramática, que aún tiene lugar, a veces tiene consecuencias mortales para los habitantes de América Central. La actividad tectónica causa terremotos, los cuales han matado a decenas de miles de personas en

Guatemala, El Salvador y Nicaragua. Las placas tectónicas también han formado picos a lo largo de la costa del Pacífico. Muchos de ellos aún existen como volcanes.

América Central tiene muchas cordilleras volcánicas. La más larga es la Sierra Madre de Chiapas en Guatemala, El Salvador y Honduras. El pico más alto de esta cordillera, el Tajumulco, se encuentra en el sudoeste de Guatemala. Es el punto más alto de América Central con 13,845 pies (4,220 m) de altura. Otras cordilleras de la región incluyen la Isabelia en Nicaragua y la cordillera de Talamanca en Costa Rica y Panamá.

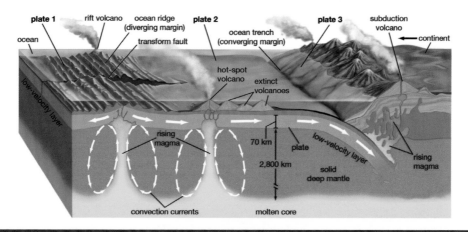

Este dibujo muestra cómo la actividad violenta de las placas tectónicas de la Tierra puede convertirse en volcanes, una preocupación recurrente en América Central.

Actualmente, hay al menos veinte volcanes activos en América Central. Miles de pueblos y ciudades situados cerca de sus laderas han sufrido daños y destrucción como resultado de sus erupciones periódicas. Aunque la mayor parte de los volcanes de América Central están inactivos,

(Continúa en la página 23)

ERUPCIONES VOLCÁNICAS HISTÓRICAS

Una de las erupciones volcánicas más grandes de la historia de América Central tuvo lugar durante el siglo V d. C. en el actual El Salvador. La erupción del volcán Ilopango cubrió unas 3,800 millas cuadradas (9,800 km²) con una capa de roca y ceniza de más de 1.5 pies (45 cm) de espesor. En aquellos tiempos, los mayas gobernaban la región. La erupción mató a miles de personas, destrozó ciudades y pueblos y obligó a muchos a huir a otras regiones, en lo que hoy día es Guatemala y Belice. Las excavaciones modernas de los asentamientos enterrados han

El Cerro Negro, un volcán de cono de ceniza situado en Nicaragua, entró en erupción en 1969. Aún cubre de ceniza la zona colindante de vez en cuando.

servido para arrojar luz sobre algunos misterios de la cultura maya.

La erupción del volcán Santa María en el sudoeste de Guatemala en 1902 fue una de las mayores del siglo XX. Dejó un cráter enorme de casi una milla (1.5 km) de diámetro. La explosión violenta ocurrió después de que pasaran 500 años sin que el volcán tuviera actividad. Este volcán, cubierto de árboles, ha estado activo de forma continua desde su última erupción, en 1922. En 1929, el Santa María expulsó una mezcla de gas y roca ardiente, que posiblemente haya matado hasta a 5,000 personas.

algunos tienen actividad regular, entre ellos el Turrialba, en Costa Rica, y el volcán de Fuego, en Guatemala. Se dice que las cenizas de estos volcanes llegan muy lejos, hasta México. Los científicos advierten a la gente que vive cerca de estos volcanes que debe estar preparada para más actividad en el futuro.

La llanuras bajas se encuentran solamente en partes del norte de Guatemala, la estrecha franja costera que une los manglares de las costas del Pacífico y del Caribe y las tierras que rodean las masas de agua dulce más grandes de la región: los lagos Managua y Nicaragua. El lago Nicaragua desemboca en el Caribe a través del río San Juan, una de las mayores vías fluviales de la región. Aunque estas llanuras son limitadas en extensión, sostienen gran parte de la agricultura de la zona.

La costa del Caribe está llena de pequeños cayos e islotes. Las únicas islas de mayor tamaño son la isla de Coiba y el archipiélago de las Perlas de Panamá, las

(Continúa en la página 25)

UN HÁBITAT EXTRAORDINARIO

Aunque las selvas tropicales cubren menos del 10% de la Tierra, en ellas vive más de la mitad de las especies de plantas y animales. Lamentablemente, gran parte de las selvas tropicales de América Central han sido taladas para hacer granjas y ranchos. La presión para detener la deforestación no ha desacelerado la pérdida forestal en muchas partes de la región. Algunas organizaciones intentan preservar estos tesoros naturales, como la Reserva de la Biosfera de Río Plátano en Honduras, una de las pocas selvas tropicales que aún quedan en América Central. Entre la fauna que vive allí hay monos araña, jaguares, osos hormigueros gigantes, lagartos e innumerables especies de insectos voladores y terrestres. América Central es especialmente conocida por su gran variedad de papagayos, así como de colibríes, tucanes, águilas y quetzales, pájaros autóctonos de plumaje brillante verde y rojo.

El quetzal era el pájaro sagrado de los mayas y los aztecas. Hoy, es un símbolo nacional de Guatemala.

islas de la Bahía de Honduras y las islas del Maíz cerca de la costa de Mosquitos de Nicaragua. Hay varias islas cerca de la costa de Belice en el Caribe que forman parte de la Barrera del Arrecife de Belice.

¿QUÉ TIEMPO HACE?

Aunque América Central se encuentra en los trópicos, una tercera parte de su terreno está a más de 3,000 pies (900m) por encima del nivel del mar, donde los climas son templados y frescos. Dos terceras partes de la población de América Central vive en las tierras altas, que son frescas.

La cantidad de lluvia varía de un lugar a otro debido a los efectos de las montañas y los vientos predominantes. Después de soplar sobre las aguas cálidas del Caribe, los vientos alisios del noreste producen lluvias abundantes en las pendientes orientadas hacia el este. En el interior, que es más seco, y en la costa del Pacífico, casi toda la lluvia cae entre mayo y octubre. En las llanuras húmedas del Caribe existen selvas tropicales con una gran variedad de fauna. La parte occidental de la región es especialmente propensa a los huracanes, ya que estas tormentas violentas se forman sobre las cálidas aguas tropicales cerca del ecuador. En 1998, tuvo lugar el huracán Mitch, una de las peores tormentas jamás registradas en el hemisferio occidental, devastando Honduras y partes de Nicaragua, El Salvador y Guatemala. Causó deslizamientos de tierra e inundaciones que mataron a más de 9,000 personas. Las inundaciones fueron especialmente graves ya que se habían talado los bosques de las zonas montañosas que podían haber ralentizado la escorrentía.

CAPÍTULO TRES

LAS ADMIRABLES ANTILLAS

Las Antillas están formadas por tres zonas geográficas principales. La primera es la de las Antillas Mayores, compuesta por las islas de Puerto Rico, Cuba, Jamaica y la Española (Haití y la República Dominicana). La segunda es la de las Antillas Menores, que incluye las islas Vírgenes, Anguila, San Cristóbal y Nieves, Antigua y Barbuda, Montserrat, Guadalupe, Dominica, Martinica, Santa Lucía, San Vicente y las Granadinas, Barbados y Granada. La última zona geográfica consiste en los grupos de islas de la plataforma continental de América del Norte —Bahamas e islas Turcas y Caicos— y los de la plataforma continental de América del Sur, que incluyen Trinidad y Tobago, Aruba, Curazao y Bonaire. Además, la isla de Bermuda, aunque no forma parte de las Antillas físicamente, tiene vínculos históricos y culturales comunes con las demás islas. A menudo se la incluye en las definiciones de la región.

DEAMBULANDO POR LAS ANTILLAS

Los geólogos han identificado tres tipos de paisajes en las Antillas, basados en su relación con los sistemas mon-

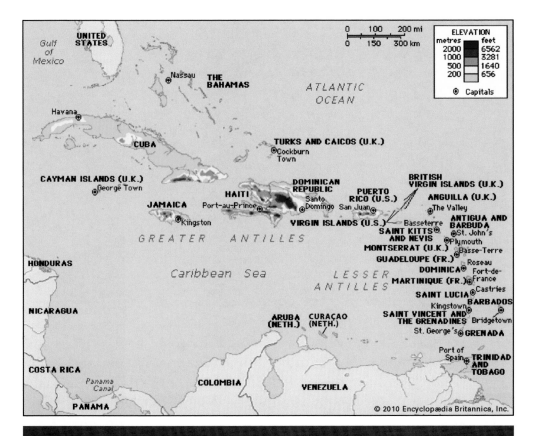

Las Antillas están formadas por numerosas islas repartidas por una zona amplia entre el mar Caribe y el océano Atlántico. En este mapa también se señalan las ciudades principales.

tañosos de América del Norte y del Sur. Las montañas de las Antillas Mayores, con su relieve extremo, constituyen un tipo de paisaje. Estas forman un arco exterior de terreno montañoso en la Española, Jamaica y Puerto Rico. La forma y la alineación de las Antillas Mayores están determinadas por una cadena montañosa que antiguamente se extendía desde América Central hasta el Caribe. Este sistema, que iba de oeste a este, en la actualidad está casi totalmente sumergido en el océano Atlántico y el mar Caribe, aunque algunas partes se pueden ver en las Montañas Azules de Jamaica y en la sierra de los Órganos y la Sierra Maestra de Cuba. El pico Duarte, en la República Dominicana, con una altura de 10,417 pies (3,175 m), es el punto más alto del Caribe. Además de los picos que se encuentran en el interior, cada isla de las Antillas Mayores está rodeada por una llanura costera.

Ubicada de norte a sur, otra cadena montañosa, también sumergida en su mayor parte, forma el doble arco de pequeñas islas que componen las Antillas Menores. El arco interior, que se extiende de San Cristóbal a Granada, consiste en conos volcánicos, algunos de los cuales aún están activos. Mesetas bajas de piedra caliza componen la mayor parte de Cuba y de las Bahamas, así como del arco exterior de las islas de Barlovento (el grupo de las Antillas Menores que está al sur), Barbados y Antigua, además de Grande Terre (parte de Guadalupe).

Un arco interior de islas montañosas volcánicas jóvenes constituye el tercer tipo de paisajes. Aparece en las Antillas Menores, desde la isla de Saba, que pertenece a los Países Bajos, hasta Granada.

Como no es de extrañar, los terremotos y la actividad volcánica han supuesto un grave problema para las Antillas. No obstante, hoy día los manantiales de azufre, los lagos hirvientes y los géiseres de barro se promocionan como atracciones turísticas en lugar

La República Dominicana tiene cuatro cordilleras principales.
Una de ellas es la cordillera Central, que aparece en esta foto.

El lago Boiling de Dominica está ubicado en una grieta del volcán Morne Trois Pitons. A menudo está cubierto de gases que se escapan de la grieta.

de elementos de destrucción. Solamente las erupciones esporádicas del monte Soufrière en San Vicente y las Granadinas sirven de recuerdo de su potencial para causar devastación.

CONSIDEREMOS EL CLIMA

Las Antillas tienen un clima tropical marítimo. Este clima cálido está influido en gran medida por el océano, debido

(Continúa en la página 32)

ERUPCIÓN EN MONTSERRAT

Las erupciones volcánicas con víctimas mortales en las Antillas no son solamente datos para los libros de historia. Montserrat, una isla de las Antillas Menores que pertenece al Reino Unido, mide 11 millas (18 km) de largo y 7 millas (11 km) de ancho. El pico Chances, en las colinas de Soufrière, con sus 3,000 pies (915 m) de altura, era el punto más alto de la isla hasta que las erupciones volcánicas de la década de los 90 cambiaron el paisaje. En julio de 1995, comenzó una serie de erupciones en las cuales los domos volcánicos crecían y se venían abajo. En junio de 1997, murieron

Una década después de las erupciones que causaron tanta destrucción, aún se pueden ver los flujos de roca volcánica en las laderas de las colinas Soufrière de Montserrat.

19 personas y, a finales de diciembre de ese mismo año, casi 2.7 millas cuadradas (7 km²) de bosques, tierras de cultivo y pueblos fueron arrasados por deshechos volcánicos y flujo piroclástico después de una erupción. Plymouth, la capital y el único puerto de entrada, quedó prácticamente destruido, así como gran parte de la vegetación más espectacular de la isla. El gobierno tuvo que ser trasladado a la parte noroeste de la isla.

a la poca variación en temperatura y los períodos de fuertes precipitaciones. Las temperaturas máximas diarias en la mayor parte de la región oscilan alrededor de los 85 °F (30 °C), entre diciembre y abril. Entre mayo y noviembre, suben unos grados hasta llegar aproximadamente a los 90 °F (32 °C). Por las noches, las temperaturas solo bajan unos 10 °F (6 °C).

La mayoría de las islas de las Antillas tienen una estación lluviosa y otra seca. Durante la estación lluviosa, entre junio y octubre, caen lluvias abundantes, pero también hay temporadas largas de tiempo soleado. La cantidad de lluvia en cada lado de las islas montañosas varía. Los lugares con más de 200 pulgadas (500 cm) al año suelen albergar densas selvas tropicales en el lado de barlovento, mientras que en las sombras pluviométricas caen cantidades entre las 30 y 80 pulgadas (80 y 200 cm). La estación seca, entre noviembre y marzo, a veces se ve interrumpida por las tormentas invernales, pero normalmente surgen pocas lluvias fuertes. Por otra parte, pueden prevalecer las sequías estacionales, resultando en grave escasez de agua.

La nación insular de San Cristóbal y Nieves, que aparece en esta foto, depende de cultivos como las hortalizas y las frutas, sobre todo los cocos, que crecen bien en el clima tropical.

Las sequías, sin embargo, no constituyen el peligro principal de las Antillas. Cada año, se producen tormentas en el sur del Atlántico a finales del verano y principios del otoño, las cuales evolucionan de forma imprevisible en toda la zona. Estas tormentas destructivas traen lluvias torrenciales, vientos que sobrepasan las 74 millas (119 km) por hora, inundaciones e importantes destrozos físicos.

Aún así, el clima tropical, con sus estaciones seca y lluviosa, sus extremos, sequías y huracanes, contribuye a la diversidad y riqueza del entorno natural de las Antillas. Allí se encuentran plantas tropicales sudamericanas de todo tipo, pero cada isla también tiene sus propias variedades de plantas, insectos, pájaros y reptiles. La colonización europea y la inmigración de gente de todo el mundo también han aportado otras especies tropicales y subtropicales de plantas y animales a las islas. Ahora las especies nativas y las introducidas de otros lugares comparten los sistemas ecológicos.

En muchas partes de las Antillas, las selvas naturales se han talado casi completamente para hacer sitio a los cultivos. La agricultura de roza y quema ha destruido amplias zonas de la selva. Sin embargo, algunos países han reconocido la importancia de la selva y han creado leyes para evitar la deforestación.

CAPÍTULO CUATRO

SENSACIONAL AMÉRICA DEL SUR

Situada al sur de la región llamada América Latina, América del Sur tiene una forma casi triangular. Tiene el océano Pacífico al oeste, el Atlántico al este y el mar Caribe al norte.

América del Sur consta de doce países: Chile, Argentina, Uruguay, Paraguay, Bolivia, Perú, Ecuador, Brasil, Colombia, Venezuela, Guyana y Surinam; además de la Guayana Francesa, un distrito que está bajo administración francesa. Ocupa una octava parte de la tierra del mundo. Las 6,875,395 millas cuadradas (17,809,780 km²) de este continente se extienden por selvas tropicales, pantanos, lagos de agua salada, llanuras, desiertos y tierras altas.

LAS CARACTERÍSTICAS DE AMÉRICA DEL SUR

Tal vez la más famosa de las características físicas de América del Sur sea su "columna vertebral" —la cordillera de los Andes—, que se extiende por la parte occidental del continente. Se trata de una cordillera sumamente larga y alta. Solo la cordillera del Himalaya es más alta, aunque los Andes cubren una distancia mucho mayor. En Perú y Bolivia, los Andes se ensanchan para formar una meseta elevada, llamada el Altiplano, donde se encuentra el inmenso lago Titicaca. Al sur, los Andes forman largas líneas escarpadas entre Chile y Argentina, salpicadas de volcanes coronados de nieve y acantilados de tonos grises y marrones. El monte Aconcagua, el pico más alto de todo el hemisferio occidental, se eleva a una altura de 22,831 pies (6,959 m).

Con una extensión de aproximadamente 15,800 millas (25,400 km), el litoral de América del Sur es tremendamente variado. El lago Maracaibo, el lago natural más grande del continente, se encuentra en Venezuela. Manglares y selvas tropicales cubren gran parte de las costas de Ecuador, Colombia, Guyana, Surinam, la Guayana Francesa y el norte de Brasil, así como el delta del río Orinoco en Venezuela. En el norte de Brasil, el sistema de drenaje más grande del mundo vierte las aguas de la selva amazónica en el océano Atlántico.

Las tierras altas del este y sudeste de Brasil forman una escarpadura de colinas irregulares y acantilados. Como resultado, en las playas blancas de Río de Janeiro se encuentran afloramientos rocosos e islas. El litoral se ensancha donde las enormes lagunas Merín y de los Patos adornan el sur de Brasil, y las colinas y llanuras verdes de Uruguay y Argentina bordean el estuario del Río de la Plata. Aunque Argentina tiene playas de arena, la costa de la Patagonia, al sur, se vuelve más rocosa e inhóspita. En la costa sur de Chile se encuentran cumbres escarpadas y glaciares.

El macizo guayanés consiste en una serie de mesetas de paredes altas al norte de Brasil, que hacen frontera con Venezuela, Guyana, Surinam y la Guayana Francesa.

(Continúa en la página 39)

Se puede andar por una sección del Altiplano (también llamado Puna por el nombre de la región) en Bolivia. La cordillera Oriental de los Andes forma la frontera de la parte este del Altiplano.

ISLAS DE AMÉRICA DEL SUR

Aparte de la isla de Chiloé y el archipiélago de los Chonos al sur de Chile, hay pocos grupos de islas grandes frente a las costas de América del Sur. La isla Grande de Tierra del Fuego está situada al extremo sur de Chile y Argentina, junto a varias islas más pequeñas. En el océano Pacífico, Chile controla islas que están a cientos de millas al oeste del país, entre ellas la isla de Pascua y el conjunto de islas de Juan Fernández. Bastante al oeste de Ecuador, se encuentran las famosas islas Galápagos, una maravilla del mundo, con sus paisajes únicos y tortugas gigantes que pesan más de 500 libras (227 kg). Bajo dominio europeo están las islas de Bonaire y Curazao (Países Bajos) y, en el Atlántico Sur, al este de Argentina, las islas Malvinas (Reino Unido).

Estas tortugas gigantes eran tan abundantes que los exploradores españoles nombraron a las islas Galápagos por ellas. El galápago es un reptil parecido a la tortuga.

Ubicada entre las cuencas de los ríos Orinoco y Amazonas, esta tierra rica en vegetación y cascadas alberga sierras como la de Pacaraima e Imeri. En una meseta del sudeste de Venezuela, se origina el salto de agua más alto del mundo, el salto Ángel, el cual es casi veinte veces más alto que las cataratas del Niágara.

Esta vista aérea muestra cómo el imponente río Amazonas serpentea a su paso por Perú. Las aguas del Amazonas alimentan exuberantes selvas tropicales así como regiones agrícolas.

El sistema fluvial del Amazonas dispone de más de 25,000 millas (40,225 km) de vías navegables, a diferencia del resto del continente, donde hay una falta de ríos navegables. Los afluentes principales del Amazonas, entre ellos los ríos Madeira, Negro, Yuruá y Xingú, son vías fluviales grandes. Todos ellos podrían competir con el río Misisipi en cuanto a caudal. La selva tropical del Amazonas depende de algunos árboles, como el ceiba gigante y el tahuari, así como de otras especies de plantas que sirven de hábitat a una variedad de otras plantas y animales. La deforestación es una dura realidad, ya que de forma regular se talan y queman árboles para dar lugar a carreteras, ranchos, compañías madereras y minas.

Con un tamaño aproximadamente equivalente al del estado de Florida, el Pantanal es uno de los humedales de agua dulce más grandes del mundo. Se extiende por las fronteras de Brasil, Paraguay y Bolivia. Por otra parte, el Gran Chaco es una llanura seca que cubre unas 280,000 millas cuadradas (725,000 km²) al oeste de Paraguay y zonas cercanas de Bolivia y Argentina. No obstante, su extremo sur sí que sufre de inundaciones estacionales.

Las pampas de Argentina, que se extienden 295,000 millas cuadradas (760,000 km²) al oeste del Río de la Plata, incluyen praderas bien regadas y granjas en el este. Los conquistadores españoles introdujeron el ganado vacuno y los caballos en el siglo XVI. La Patagonia, una meseta batida por el viento, cubre el sur de Argentina, al este de la cordillera de los Andes. El lago Buenos Aires está en el sudoeste sobre la cordillera de los Andes. En el extremo sur de la región se encuentra Ushuaia, la ciudad más meridional del mundo.

UN CLIMA MUY VARIADO

Un continente con tanta variedad de paisajes también disfruta de una diversidad de climas. La mayor parte de América del Sur tiene clima tropical. En las selvas tropicales del norte y del este hace calor y llueve todo el año. Los climas tropicales (lluviosos y secos) de la sabana se encuentran en la meseta del Mato Grosso, al oeste de Brasil. En los llanos del norte, hay inundaciones durante la estación lluviosa. En cambio, las tierras altas del noreste sufren graves sequías.

La cordillera de los Andes es un factor importante en la diversidad climática. Los Andes en Chile central bordean un largo valle central que tiene veranos secos e inviernos más húmedos. En cambio, los Andes del sur de Chile reciben vientos occidentales portadores de lluvia que vienen del océano. Las pampas tienen un clima seco en el oeste, en la sombra pluviométrica de los Andes. En la costa cercana a la frontera entre Perú y Ecuador, el clima cambia según se dirige hacia el oeste la corriente de Perú, alejándose del continente. Como resultado, la mayor parte de las montañas de Ecuador son verdes y frondosas, tanto del lado occidental como del lado oriental de los Andes.

Algunas zonas de América del Sur central tienen veranos generalmente cálidos e inviernos frescos, con bastante lluvia. En el Pantanal, suele caer un promedio de 39 a 55 pulgadas (100 a 140 cm) de lluvia al año, con fuertes inundaciones estacionales, y las temperaturas varían entre 32 °F y 104 °F (0 °C y 40 °C).

En las zonas más meridionales de Argentina y Chile y en lo alto de las montañas, el clima es principalmente frío durante el año entero.

La zona desértica más importante de América del Sur es el desierto de Atacama en el norte de Chile, que se extiende a lo largo de 600 millas (1000 km). Desde Chile central hasta la frontera entre Ecuador y Perú, la gélida corriente de Perú, también conocida como la corriente de Humboldt, mantiene secas las masas de aire. Eso significa que pueden pasar años sin que llueva en el árido Atacama.

DESCUBRE AMÉRICA LATINA

La mejor forma de apreciar verdaderamente la inmensidad y diversidad del paisaje y el clima de América Lati-

El Valle de la Luna, el cual sale en este foto, está en el desierto de Atacama en Chile. El viento y el agua han ido esculpiendo formaciones fascinantes en su paisaje de arena y piedra.

na es visitar personalmente sus maravillosos tesoros naturales. Es la manera perfecta de admirar realmente la belleza impresionante de esta tierra.

De igual interés son las fascinantes culturas que se han adaptado a estas tierras a lo largo de los años, haciendo uso de sus recursos, aunque a veces de forma dañina. Los bienes de América Latina se han convertido en una preocupación mundial; muchos consideran que los recursos de lugares como la selva amazónica, así como la flora y fauna que alberga, deben ser preservados a toda costa. Debemos aprender a valorar América Latina y sus considerables riquezas naturales.

GLOSARIO

afluente arroyo o río pequeño que desemboca en un río más grande o en un lago.

altiplanicie meseta de mucha extensión.

archipiélago un grupo de islas.

catarata una cascada o salto de agua grande.

cayo una isla baja hecha de arena o coral.

cuenca un territorio rodeado por otros territorios más altos, como colinas o montañas.

delta un trozo de tierra con forma triangular que se crea cuando un río se divide en brazos más pequeños antes de desembocar en el océano.

escarpadura una pendiente larga y empinada que separa dos territorios planos o ligeramente empinados.

estuario el lugar donde un río desemboca en el mar.

islote una isla pequeña.

istmo un trozo de tierra estrecho que conecta dos territorios más grandes.

latitud una línea imaginaria que rodea la Tierra a una distancia concreta al norte o al sur del ecuador y que es paralela al ecuador.

manglar un terreno pantanoso o bañado por agua salada donde crecen arbustos tropicales llamados mangles, cuyas raíces salen de sus ramas.

meseta un territorio grande y plano que es más alto que los territorios que lo rodean.

navegable suficientemente profundo y ancho para que puedan pasar barcos o buques.

plataforma continental la parte de un continente que se encuentra debajo del océano y que desciende hasta el fondo del océano.

piroclástico formado como resultado de actividad volcánica.

relieve las elevaciones o desniveles de una superficie de terreno.

roza y quema un método de talar árboles y quemarlos para despejar un terreno con el propósito de cultivar la tierra durante un tiempo limitado.

templado que tiene temperaturas que no son ni muy elevadas ni muy bajas.

trópico de Cáncer el paralelo de latitud que está aproximadamente a 23½ grados al norte del ecuador y que es la latitud más al norte donde el sol se coloca verticalmente encima del suelo en algún momento durante el año.

viento predominante el tipo de viento que suele soplar en un lugar.

vientos alisios unos vientos que soplan casi constantemente al oeste y hacia el ecuador.

PARA MÁS INFORMACIÓN

Adamson, Thomas K. *Learning About South America*. Minneapolis, MN: Lerner Publications, 2016.

Fabiny, Sarah, and Daniel Colón. *Where Is the Amazon?* Nueva York, NY: Grosset & Dunlap, 2016.

Harasymiw, Mark. *Mapping South America*. Nueva York, NY: Gareth Stevens Publishing, 2014.

Mason Crest Publishers. *Latin America*. Broomall, PA: Mason Crest, 2016.

Orr, Tamra. *Windward Islands: St. Lucia, St. Vincent and the Grenadines, Grenada, Martinique, & Dominica*. Filadelfia, PA: Mason Crest, 2016.

Shields, Charles J. and James D. Henderson. *Central America: Facts and Figures*. Broomall, PA: Mason Crest, 2016.

Tieck, Sarah. *Mexico*. Minneapolis, MN: ABDO Publishing Company, 2014.

SITIOS DE INTERNET

Debido a la naturaleza cambiante de los enlaces de internet, Rosen Publishing ha elaborado una lista de sitios web relacionados con el tema de este libro. Este sitio se actualiza de forma regular. Por favor, utiliza este enlace para acceder a la lista:

http://www.rosenlinks.com/ELA/climate

ÍNDICE